Im. 27 16389

RÉPONSE

DE M. PIVOST,

EXÉCUTEUR TESTAMENTAIRE

DE M. DE COURBETON.

RÉPONSE

DE M. PIVOST,

EXÉCUTEUR TESTAMENTAIRE

DE M. DE COURBETON,

AUX

CALOMNIES PUBLIÉES CONTRE LUI,

SOUS LE NOM

DE LA DAME LEROUX DE VILLERS.

PARIS,

DE L'IMPRIMERIE DE C. J. TROUVÉ,
RUE NEUVE-SAINT-AUGUSTIN, N° 17.

1822.

RÉPONSE
DE M. PIVOST,
EXÉCUTEUR TESTAMENTAIRE
DE M. DE COURBETON.

C'EST peu pour un père de famille, parvenu à ses dernières années, d'avoir su conserver et de pouvoir transmettre à ses enfans le modeste fruit des travaux honorables qui ont rempli sa carrière; à cet âge où l'espérance ne vient plus sourire, le bonheur est presque tout entier dans les souvenirs; l'homme dont la vie alors a cessé d'être active, entretient la mémoire de ses bonnes actions, il veut jouir de la réputation honnête qu'il s'est acquise, de l'estime, des éloges de ses contemporains; justement fier de leurs témoignages, il y trouve de touchans exemples qu'il offre avec joie à sa famille; plein de confiance, il se montre à elle comme un modèle qu'elle doit imiter.

J'ai vécu avec probité : ma vie laborieuse et modeste ne s'est point écoulée sans honneur; tous mes souvenirs me sont flatteurs et précieux; jeté dans des temps de corruption et de troubles, je n'ai point à rougir d'un seul jour; environné de nombreux enfans, âgé de soixante et dix ans, mon déclin était embelli par le respect de ceux qui m'entourent.

Des furieux ont troublé mon repos! et si la voix de ma conscience n'était pas plus puissante que leurs cris calomnieux, ils empoisonneraient le reste de mes jours.

Je comprends que la dame de Villers, irritée par le besoin, mécontente du désordre de son existence, assaillie par des conseillers cupides, ait espéré un moment de recueillir quelque fruit d'une accusation injuste et scandaleuse. Qu'elle paie mes soins, mes égards, mes bontés, mon infatigable bienveillance par la plus noire ingratitude, je connais depuis trop long-temps son caractère et la disposition de son esprit, pour ne pas lui trouver de suffisantes excuses. Mais je ne puis voir sans indignation qu'un avocat se soit complu à recueillir les déclamations et les invectives de cette femme; qu'inconnu jusqu'ici, et tourmenté du besoin de se montrer, il ait voulu trouver un procès qui jetât de l'éclat et du scandale; et qu'au péril de l'honneur d'autrui, sans connaître les faits et les personnes, sans vouloir examiner une seule fois les pièces et les preuves qui repoussent son absurde système, il se soit fait une cause comme il aurait composé un roman. Et que serait-ce encore, si ce jeune imprudent, mettant à profit la confiance de personnes honnêtes et religieuses, avait essayé d'abuser de moyens respectables pour donner crédit à l'imposture?

Déjà le mémoire opposé par M. le marquis de Vérac aux libelles signés de la dame de Villers et de son avocat, peut avoir détruit en partie les outrages qui me sont adressés dans ces écrits. Mais la publication de ce mémoire est ancienne; la cause est sur le point d'être plaidée; c'est pour moi le moment de m'expliquer enfin de manière à ce qu'on perde la hardiesse de reproduire la calomnie dans des audiences publiques.

Je dois, avant tout, faire connaître l'origine et la nature de mes relations avec M. Micault de Courbeton.

J'avais à peine atteint ma majorité, et j'étais encore clerc chez M. Garnier Deschênes, notaire royal à Paris, lorsque M. de Trudaine, intendant des finances, m'appela auprès de lui en qualité de secrétaire. La place d'intendant des finances fut supprimée en 1777. M. de Trudaine me proposa alors de rentrer dans la carrière que j'avais quittée pour m'attacher à lui. Je refusai; à cette occasion M. de Trudaine m'adressa la lettre suivante :

1er août 1777.

« Votre sensibilité, Monsieur, augmenteroit, s'il étoit pos-
»sible, ma vive reconnoissance de toutes les peines que je
»vois que vous vous donnez pour mes affaires, et du zèle que
»vous y mettez. Je vous assure que j'ai bien souvent regretté
»que les circonstances présentes ne me permissent pas d'es-
»pérer de pouvoir vous en récompenser, comme je m'en étois
»d'abord flatté. M. de Saineville vous dira combien j'en ai
»été affecté; et certainement, si j'avois pu prévoir ce qui est
»arrivé, je n'aurois pas voulu vous proposer d'abandonner
»un état qui vous présentoit une perspective plus sûre; je
»n'aurois pas même été étonné de vous voir désirer de ren-

»trer dans la même carrière; je ne vous en aurois su aucun
»mauvais gré : mais je suis pénétré de reconnoissance de
»voir que vous préférez d'associer votre sort au mien. Les
»choses étant ainsi, j'accepte avec grand plaisir le sacrifice
»que vous voulez bien me faire de vos espérances, et nous
«courrons ensemble la même fortune. »

M. de Trudaine mourut peu de jours après m'avoir
écrit cette lettre. Il laissait deux enfans mineurs. Bien
jeune encore je fus nommé leur tuteur; j'en ai rempli
les devoirs jusqu'à leur émancipation, époque de leur
entrée dans la magistrature. Mes pupilles me confiè-
rent depuis l'administration de leurs biens. J'attachai
alors trop de prix à cette marque de leur estime et
de leur confiance pour ne pas l'invoquer aujourd'hui
comme un témoignage public rendu à ma loyauté.
Ma tendresse et mes soins ne leur manquèrent pas
jusqu'au jour où la révolution appela sur l'échafaud
ces deux honorables victimes. Ici je transcris une lettre qui me fut adressée par MM. de Trudaine la veille
de leur mort. Si mon honneur n'avait point été pu-
bliquement attaqué, mes enfans seuls auraient connu
ces écrits que je gardais avec consolation, comme un
monument précieux pour ma famille.

—M. de Trudaine qui venait d'épouser mademoiselle
de Courbeton m'écrit de la Conciergerie,

« Nous partons ce soir, à ce qu'on nous assure, et je vous
»fais ici, selon toutes apparences, mes derniers adieux. Ce-
»pendant je suis déterminé à me défendre, et comme je n'ai
»rien à me reprocher, je ne négligerai rien. Dites à Laurent

»que nous le demanderons comme témoin en notre faveur ;
»qu'il fasse un dernier effort ; qu'il prévienne ses connois-
»sances en notre faveur. Faites parvenir tout ce que vous
»avez de pièces en notre faveur à l'accusateur public. Je les
»citerai comme étant entre ses mains. On vous remettra plu-
»sieurs effets de ma part ; mettez-les en sûreté pour les re-
»mettre à ma femme par la suite. Suvée a fait ici un portrait
»de moi. Il me promet de le conserver. Je le lui ai payé dans
»des temps plus heureux. Vous le lui redemanderez pour le
»remettre à ma malheureuse et respectable femme, comme
»le seul bien qui me reste à lui léguer. Le citoyen Suvée
»demeure au Louvre, au-dessus de David. Je vous recom-
»mande ce point comme la dernière preuve que j'attends de
»votre constante et fidèle amitié. Adieu, mon ami, c'est à
»ce titre que je vous écris, et que je vous demande de tels
»services. Je mourrai votre obligé ; j'aurois voulu recon-
»noître vos soins ; c'est un de mes plus grands regrets que de
»ne l'avoir pu. Mais j'emporte avec moi la plus vive recon-
»noissance. Je vous recommande ma femme. »

Son frère ajoute ces mots :

« Que puis-je ajouter aux témoignages de la reconnois-
»sance de mon frère ? Je partage ses sentimens ; je regrette
»de n'avoir pas été plus heureux pour vous mieux témoigner
»ma sensibilité à vos soins. . . . .
» . . . . Adieu, soyez heureux, et que le
»ciel vous épargne les maux dont il nous abreuve. Adieu
»pour la dernière fois. »

Madame veuve de Trudaine se retira auprès de

madame de Courbeton, sa mère. Elle m'écrivait au mois de novembre 1794.

« Portez-vous bien, que votre amitié pour nous ne se ra-
»lentisse pas ; j'amais nous n'eûmes plus besoin de nos amis ;
»aucun n'a fait pour nous, pour moi et pour eux, ce que
»vous avez fait, ce que vous faites encore ; c'est un hom-
»mage que je dois vous rendre et que je rendrai toujours.
»Vous avez fait tout ce qu'un père tendre eût fait pour ses
»enfans, et si mon amitié, ma reconnoissance peuvent être
»pour vous un dédommagement des pertes et des chagrins
»que vous éprouvez, recevez-en les témoignages les plus
»sincères. Croyez que, tant que je vivrai, je sentirai au
»fond de mon cœur une vraie consolation, en pensant que,
»jusqu'au dernier moment, vous leur avez donné les plus
»grandes preuves d'amitié qu'ils pouvoient désirer. Que je
»me trouverois heureuse d'avoir partagé avec vous les soins
»que vous leur avez rendus !..... Adieu..... Mille amitiés à
»votre famille et à ceux qui ont encore la bonté de se sou-
»venir de moi. Tout le monde ici vous offre complimens et
»civilités. »

Mes services passés, ma reconnaissance, mes affec-
tions, mes chagrins m'attachaient à l'épouse de l'in-
fortuné M. de Trudaine. En ces momens malheureux,
je n'eusse pas voulu me consacrer à d'autres intérêts
que les siens.

Le séquestre était apposé sur tous les biens. Je fis
liquider les droits de madame de Trudaine.

La loi du 21 prairial an 3 restitua les biens des con-
damnés à leur famille. Madame d'Invau, née de Four-
queux, tante de MM. de Trudaine, était leur seule

héritière maternelle ; elle me confia la poursuite de ses droits dans le partage de leur succession.

Ce partage fut d'abord fait administrativement à cause de l'émigration de deux héritiers paternels, M. le duc de Caylus et madame la princesse de Chalais. Le surplus des droits de la branche paternelle fut divisé entre M. le général Canclaux, madame de Charost et madame de Rougé.

Tout par mes soins se termina à l'amiable. Je fus le seul conciliateur pour ces importantes opérations : toutes les parties s'en rapportèrent à moi. Les actes furent signés en l'an 8.

Depuis, madame de Trudaine et madame d'Invau continuèrent à me charger de l'administration de leurs biens. Madame d'Invau est décédée en 1813 ; M. le comte et madame la comtesse de Balivière m'ont encore confié ce soin.

Madame de Trudaine mourut en 1801 ; madame de Courbeton sa mère et son héritière me laissa aussi cette administration ; et M. de Courbeton, après la mort de madame sa mère, continua de me garder la confiance et l'estime que tous les siens m'avaient accordées.

Qu'il me soit permis de rappeler les dispositions contenues en ma faveur, dans les testamens de madame de Trudaine et madame de Courbeton.

Madame de Courbeton s'exprime en ces termes :

« Je fais mon exécuteur testamentaire de mes dernières »volontés, M. Pivost.

»J'espère que, vu le bien sincère attachement qu'il a mar-
»qué à ma chère fille, Mme de Trudaine, depuis son mariage
»avec M. de Trudaine, et celui qu'il a bien voulu me témoi-
»moigner en toutes occasions et dans tous mes malheurs, il
»voudra bien me donner cette dernière marque de son ami-
»tié, dont je le prie d'avance d'en recevoir toute ma recon-
»noissancé, le priant de vouloir bien accepter en mémoire de
»moi, un diamant de la valeur de dix mille fr. »

Ouvrons le testament de Madame de Trudaine.

« Je prie le citoyen Pivost de me donner une dernière
»preuve d'amitié et d'attachement, en voulant bien se char-
»ger de l'exécution de mes dernières volontés. Je lui demande
»encore de vouloir bien aider de ses conseils, toutes les
»fois qu'ils pourront en avoir besoin, les deux personnes
»qui me sont les plus chères, ma respectable mère et mon
»frère. Je les recommande à son active amitié, dont il m'a
»donné les preuves les plus touchantes dans le cours de mes
»malheurs.

» Je le prie d'accepter un foible tribut de ma reconnois-
»sance, un diamant de huit mille francs. »

Ces relations intimes, je peux le dire, et non inter-
rompues avec la maison de Courbeton, donnèrent na-
turellement naissance à mes rapports d'amitié et de
bons procédés avec la famille des Chelers, dont les
affaires n'ont jamais été confiées à mes soins. Madame
de Courbeton avait un neveu, M. de Chelers, et quatre nièces madame de Hangest, madame de Lafond,
mademoiselle Thérèse de Chelers et ladame Leroux
de Villers.

M. de Courbeton était le dernier rejeton de sa maison, le successeur de MM. de Trudaine; on me l'avait adressé dans sa jeunesse, il était venu loger chez moi, à Paris, on l'y tenait caché en quelque sorte pour le soustraire aux persécutions auxquelles sa famille était en butte, et depuis, ce fut encore par mes soins que, pour échapper à la réquisition, il suivit les cours de l'École de chirurgie; il travaillait alors dans mon cabinet.

Je crois que les évènemens que je viens de raconter feront assez comprendre quels devaient être pour lui mon dévouement et ma tendresse. Cependant, il faut bien que je prenne le courage de répondre aux accusations de la dame de Villers et de son avocat, et que je discute cette *foule de manœuvres* à l'aide desquelles je serais parvenu à tromper ce jeune homme que j'aimais, et, abusant de la prétendue faiblesse de son esprit, à l'environner de suggestion et de captation pour lui faire annuler un premier testament, et l'entraîner à faire passer, malgré lui, sa fortune sur la tête d'un homme qui m'était inconnu alors, de M. le marquis de Vérac.

De la démence ! de la suggestion ! de la captation ! en vérité toutes mes idées se confondent, tous mes souvenirs se révoltent quand je retrace ces mots. Moi qui ai dirigé la jeunesse de M. de Courbeton; moi qui n'ai pas cessé de le voir; moi qui étais pour lui le *papa* Pivost, et je rappelle avec orgueil ce titre amical que m'avait donné sa famille, et dont on a voulu se faire un sujet d'indécentes risées; moi qui ai connu l'origine, le progrès, les causes honorables de son amitié pour M. de Vérac!

Des manœuvres pratiquées par moi contre M. de Cour-beton! jamais, j'en suis assuré, la dame de Villers, même dans son délire, n'en a eu la pensée. Mais je vois à quelle nécessité son avocat a été réduit. Pendant les dernières années de la vie de M. de Courbeton, M. de Vérac était exilé; ils se voyaient bien rarement alors, il fallait donc prêter un agent au captateur sup-posé, nul n'était plus que moi dans la confiance de M. de Courbeton, et le libelliste m'a désigné.

Ecartons cependant les considérations morales, écartons cette conviction du cœur, qui doit me ven-ger auprès de tous les hommes honnêtes? Je vais discuter les faits. Une première réflexion se présente; je cherche quel eût été le motif de la conduite cou-pable qui m'est imputée, quel intérêt m'aurait décidé à trahir M. de Courbeton, à flétrir ma vieillesse en dé-mentant ma vie entière.

M. de Courbeton avait fait un premier testament, le 15 mai 1807, dans lequel M. de Roissy était insti-tué son légataire universel. Il y était dit:

« Je fais et nomme exécuteur testamentaire de mes der-
»nières volontés M. Pivost, qui a constamment donné à ma
»famille les preuves les plus décidées d'attachement et d'intelli-
»gence, et qui a bien voulu me donner ses conseils pour la
»gestion de mes affaires depuis plusieurs années; l'amitié
»qu'il m'a toujours témoignée, m'est garant qu'il voudra
»bien m'en donner cette dernière marque.

. . . .

« Je n'ai pas la prétention de m'acquitter envers M. Pivost
»de ce que m'imposent les preuves nombreuses de dévoue-
»ment qu'il n'a cessé de donner à ma famille, depuis long-
»temps, et en particulier à ma sœur et à moi; le genre d'atta-
»chement qu'il nous a montré n'exige d'autre reconnaissance
»que celle du cœur. Je le prie néanmoins de vouloir bien ac-
»cepter, comme dédommagement du temps et des soins que
»lui demandera l'exécution de mes dernières volontés, un
»diamant de vingt-quatre mille francs. »

Que porte le testament du 1er avril 1809 ?

« Je donne et lègue à M. Pivost, exécuteur testamentaire
»de ma sœur et de ma mère, une somme de vingt mille francs.
. . . .

. . . .

»Je nomme pour mon exécuteur testamentaire M. Pivost; je
»lui donne la saisine d'an et jour, et je le prie, en considéra-
»tion de ses peines et soins, d'accepter un diamant de quatre
»mille francs, en outre de son précédent legs. »

Le legs était donc le même dans les deux testamens,
pourquoi aurais-je fait annuler le premier ?

Passons à l'examen des *manœuvres*. Le détail en est
répandu dans deux écrits, et accompagné de fréquen-
tes injures, auxquelles du moins je ne daignerai pas
répondre. Ces *manœuvres* sont antérieures au testament, voisines de l'époque du testament, et de la mort
de M. de Courbeton, enfin postérieures au testament
et au décès.

Avant le testament, on me reproche d'avoir inter-
dit la maison de M. de Courbeton à sa famille, d'avoir

gardé le silence sur l'état de sa santé, ou d'avoir dissimulé la vraie nature de sa maladie.

On lit, page 20 du premier écrit de l'avocat de la dame de Villers : « Un fait constant, et qui sera prouvé » au besoin par une foule d'honorables témoignages, » c'est que la porte de M. de Courbeton était fermée à » toutes les personnes qui ne convenaient ni à M. de » Vérac ni à M. Pivost ; les parens du malade étaient » surtout signalés, et même leurs lettres étaient inter- » ceptées ».

Je ne logeais point dans l'hôtel de M. de Courbeton. M. de Vérac était exilé ; M. de Courbeton demeurait rue du Faubourg-Saint-Honoré, n° 51, et moi, rue Guénégaud, n° 7. M. de Courbeton était souvent en voyage ; ainsi, pendant ses dernières années, il se rendait fréquemment dans ses terres, à Toucy, dont il faisait reconstruire le château ; il allait aux eaux, à Plombières par exemple ; il a fait ce voyage du Hâvre dont on a si étrangement parlé, etc.

Quel besoin, d'ailleurs, d'exercer auprès de M. de Courbeton une surveillance contre ses parens du côté maternel ? En aucun temps, il n'eut de liaison intime avec eux ; tous résidaient loin de Paris. Il n'a jamais vu habituellement que mademoiselle Thérèse de Chelers, qui, dès 1806, était partie pour l'Italie, d'où elle n'est revenue qu'après la mort de M. de Courbeton.

La correspondance que j'ai reçue prouve seule combien M. de Courbeton était demeuré étranger à la famille de madame sa mère.

En 1807, M. le marquis de Chelers, qui désirait que

M. de Courbeton fût le parrain de son enfant, m'écrivait le 5 novembre : *Oserais-je vous prier de vouloir bien me donner* L'ADRESSE DE MON COUSIN ?

Le même M. de Chelers, apprenant en 1809 la mort de M. de Courbeton, et l'existence du testament par lequel il lui était légué 50,000 fr., m'écrivait le 8 septembre : *Je ne saurais vous exprimer, Monsieur, combien je suis sensible au souvenir de mon cousin ; à peine ai-je eu le plaisir* D'ÊTRE CONNU DE LUI.

Je relis dans une lettre de mademoiselle de Chelers, du 7 septembre 1809, en parlant de M. de Courbeton : *Je le plains de n'avoir pas pu nous pardonner d'être mieux portans que lui ; car, certes, il n'y a que cela qui ait pu* LE RENDRE ÉTRANGER *à une famille qui a mérité l'estime de chacun.*

La dame de Villers elle-même m'écrivait le 30 janvier 1810, en regrettant la fortune de ses père et mère : *M. de Courbeton se fût honoré de nous appartenir, et il eût eu des amis dans ceux que je ne sais quelles préventions injustes l'ont porté à regarder comme ses ennemis.*

La preuve du peu d'attachement de M. de Courbeton résulte de son premier testament du 15 mai 1807, par lequel cette famille était écartée de sa succession et M. de Roissy institué son légataire universel.

Enfin, s'il ne s'agissait pas de l'ouvrage de l'avocat de la dame de Villers, je dirais à cette dame : « Certes, vous connaissiez bien peu votre cousin, vous qui supposez qu'il aurait pu, durant ving-quatre heures, soutenir un pareil état de domination ! Son esprit d'indépendance, son caractère vif et toujours agité du besoin d'agir librement et avec autorité, vous était donc in-connu?

Mais il suffit de dire à la dame de Villers : Si vous n'avez point été reçue par M. de Courbeton, vous qui, seule, vous plaignez, et au nom de qui on calomnie ses serviteurs et ses amis, interrogez votre vie, votre conduite avec M. de Courbeton, rappelez-vous les scènes bruyantes et honteuses que vous faisiez à sa porte, sur ses pas, au passage de sa voiture, alors que, pour l'outrager, vous étiez venue loger chez un trai-teur vis-à-vis son hôtel.

La dame de Villers était dans les mêmes rapports avec M. de Courbeton qu'avec les autres membres de sa propre famille qui, aujourd'hui encore, ont publi-quement désavoué sa conduite, et qui de tout temps se sont éloignés d'elle. Une de ses sœurs, femme di-gne de tous les hommages et du plus grand respect, m'écrivait le 26 octobre 1817 : « Madame Leroux est » venue passer six jours à Paris, et j'ai dû éviter sage-» ment de la rencontrer... Je comptais aller chez vous, » Monsieur, vous voir et mesdames vos filles. Mais » j'appris ce matin, à dix heures, que madame Leroux » était à Paris ; faites - moi, je vous prie, l'amitié de' » me dire si elle y est encore ; lorsque je saurai qu'elle » n'est plus chez vous, je pourrai m'y présenter avec » assurance. Recevez ainsi que vos dames les choses » les plus obligeantes de ma part. »

N'est-ce point de ses respectables sœurs que la dame Leroux disait, dans un billet adressé à M. de Courbeton : *Ce sont mes sœurs qui m'ont trahie... O les malheureuses ! il faudra aller leur demander l'aumône.*

Quel accueil, quel intérêt de parenté cette femme pouvait-elle attendre de son cousin !

Enfin j'opposerai aux mensonges débités à ce sujet au nom de la dame de Villers, l'estime, l'amitié, la bienveillance dont son frère et ses sœurs m'ont constamment honoré.

L'une d'elles, madame de Hangest, m'écrivait encore le 24 janvier 1821 pour me féliciter de l'accouchement de ma fille :

Noyon, 24 janvier 1821.

« Recevez, Monsieur, mes doubles félicitations sur l'heu-
»reuse délivrance de madame votre fille, et sur l'améliora-
»tion de votre santé. Ma fille, ma sœur se sont réjouies avec
»moi de ces bonnes nouvelles et me demandent d'être envers
»vous leur interprète.

»J'ai sur vous la qualité d'être grand'mère de six ; vous
»l'êtes de cinq, et je desire pour la santé de madame votre
»fille, qu'il me reste une grande maternité d'un de plus que
»chez vous. Cela s'appelle bien aimer ses amis pour eux ; car
»la société ne peut que gagner à voir se multiplier la posté-
»rité de personnes aussi estimables . . . .

»Agréez, je vous prie, ma reconnaissance, et veuillez ac-
»cueillir et partager en famille l'assurance du vieil et durable
»attachement de votre très-humble servante.

»*Signé* C. Vᵉ DE HANGEST. »

De telles lettres font oublier bien des phrases d'une plume mercenaire.

Quant à ma propre correspondance avec la famille de Chelers, j'ai déjà dit qu'elle était de pure obligeance ; aucun devoir ne m'était imposé et, selon l'occasion seulement, j'y parlai de M. de Courbeton. Mes renseignemens sur sa santé ont cependant été assez fréquens ; je n'en veux pour preuves que les nombreux bulletins qui sont extraits de mes lettres et cités dans le libelle de la dame de Villers. Mais on n'est pas satisfait du langage que j'y tiens ; on veut que M. de Courbeton ait été fou ; on me reproche de n'avoir point parlé de sa prétendue démence. Que répondrai-je ? j'ai dit en tout temps la vérité. Souvent malade, M. de Courbeton n'a jamais perdu ses facultés intellectuelles ; ses travaux, ses écrits, sa correspondance volumineuse en font foi. Enfin, les choses ont changé lors de son séjour à Bruxelles. Il y tomba malade le 3 juillet ; je lui avais écrit dans cette ville le 23 juin, employant avec lui le langage qui m'était accoutumé :

Paris, 23 juin.

« Monsieur,

»J'ai appris avec grand plaisir la nouvelle de votre arrivée »sans accident ; je desire actuellement savoir si vous vous »amusez bien dans le beau pays que vous habitez, et si vous »le trouvez digne de la réputation dont il jouit. Je le croirai »si je vous vois revenir aussi gai et content que vous méritez »de l'être, après avoir surmonté tant de traverses. Quoique »vous soyez encore jeune, il faut mettre le temps à profit, »et ne rien négliger pour mener heureusement et raisonna-»blement la barque de la vie. *Songez que c'est votre dernière*

»*année de célibat;* il faut l'employer en courses , le plus
»agréablement possible. Une fois associé , les déplacemens
»feront moins de plaisir , et seront plus difficiles. Ici finit
»mon petit sermon que, j'espère, vous me pardonnerez en
»considération du motif et de l'ancien et inviolable attache-
»ment avec lequel j'ai l'honneur d'être , etc.

»Signé Pivost.»

Je fus averti de la maladie de M. de Courbeton,
le 13 juillet, par une lettre que me remit Henry, lors
du voyage qu'il fit à Paris pour instruire MM. les
docteurs Corvisart et Bouvenot du nouvel et déplo-
rable état où se trouvait son maître. J'écrivis le 15 à
mademoiselle de Chelers , et lui fis part de ce que je
venais d'apprendre. C'est à ce moment aussi que com-
mencent mes relations avec M. de Vérac. Je ne l'avais
vu auparavant que fort rarement, lorsque des affaires m'avaient appelé chez madame de Courbeton.
Je lui écrivis le 13 juillet 1809 : ma lettre fut remise
à Henry.

Paris , 13 juillet.

« Monsieur ,

»Quelque affligeante que soit la lettre que vous m'avez fait
»l'honneur de m'écrire , je ne veux pas laisser partir Henry
»sans vous remercier de m'avoir associé à vos chagrins. Vé-
»ritablement je ne puis arrêter ma pensée sur l'état du der-
»nier rejeton de cette malheureuse et respectable famille.
»Vous lui donnez une grande preuve d'une sincère amitié.
»Si ma reconnoissance particulière pouvoit être comptée

»pour quelque chose, je vous prierois de la joindre à l'assu-
»rance du respectueux attachement avec lequel j'ai l'honneur
»d'être.

» Signé Pivost.»

Cette lettre, assurément, se concilie bien mal avec le système de coalition coupable, avec cette sorte de conspiration imaginée pour la cause de la dame de Villers.

J'écrivis vers le même temps à madame de Hangest, les 14 et 26 juillet 1809, pour l'instruire de la terrible maladie de M. de Courbeton; j'ai sa réponse à mes lettres.

Enfin, M. de Courbeton mourut; son corps fut transféré à Montigny pour y être déposé près de ceux de sa mère et de sa sœur. Je me trouvais alors dans ce château.

Ici mon cœur est déchiré en rappelant le langage qu'on fait tenir à la dame de Villers : *M. de Vérac*, dit-on page 23, *avait distribué les rôles pour qu'au moment définitif, le fidèle Henri se trouvât près du lit de mort; le secrétaire Fleury près du testament; et M. Pivost à Montigny, près de la fosse* PRÉPARÉE *pour recevoir les tristes dépouilles du testateur* (*).

---

* Si je n'étais certain que sa mémoire sera dignement vengé devant la Cour royale, je parlerais ici de l'honnête Henri, vieux et zélé servi- teur de la famille Courbeton, homme de bien, ami de son jeune maî- tre, qui, en mourant, n'a demandé d'autre grâce que celle d'être en- terré à ses pieds. Quant à M. Fleury, secrétaire de M. de Courbeton,

Ceux qui ont lu cet écrit avec quelque attention sentiront bien quelle indignation m'anime! Les expressions me manquent; mais avec toute l'autorité d'une irréprochable vieillesse, je maudis l'infâme calomniateur.

Mon séjour à Montigny était encore un trait d'amitié et de bonté de madame d'Invau. J'avais eu peu de jours avant le malheur de perdre ma femme. Madame d'Invau m'appela auprès d'elle à Montigny, avec ce tendre intérêt que m'ont toujours montré tous les membres des familles de Trudaine et de Courbeton, espérant, me disait-elle, que le séjour de la campagne apporterait quelque distraction et quelque repos à ma fille et à moi. Cette femme à jamais regrettable fut cruellement trompée dans son attente.

On a vu plus haut quelle avait été ma première lettre à M. de Vérac; à la nouvelle de la mort de M. de Courbeton, je lui écrivis de nouveau le 20 août 1809.

Paris, 20 août.

« Monsieur,

»C'est effectivement à Montigny que j'ai reçu la triste nou-»velle que vous m'avez fait l'honneur de m'écrire. Elle n'étoit »pas nécessaire pour rappeler les pertes précédentes, mais elle »a encore ajouté à leur amertume.

»M. Fleury, en me donnant connoissance des dispositions

---

je l'ai long-temps connu; j'ai su quelle estime lui était due, mais je je croirais l'outrager si je pensais un moment que, pour être à l'abri du plus léger soupçon, il ait besoin de mon témoignage.

»de votre intéressant ami, m'a dit vous avoir demandé vos
»ordres. Je crois inutile de vous parler de mon empressement
»à seconder vos vues de justice et de générosité, en répondant
»à la confiance dont il a bien voulu m'honorer.

» J'ai l'honneur d'être, etc.

»*Signé* PIVOST.»

Depuis ce temps, mes rapports avec M. le marquis
de Vérac n'ont été relatifs qu'à l'exécution testamentaire dont j'étais chargé. Comme du vivant de M. de
Courbeton, j'avais tenté plusieurs fois de le rappro-
cher de la famille de madame sa mère, je crus de mon
devoir de solliciter de son légataire universel, en faveur de la famille de Chelers, ce dont elle pouvait avoir
besoin. Tous m'en ont exprimé leur reconnaissance.
Madame de Lafont m'écrivait le 9 octocre 1809 :

« Mon mari et moi comptons toujours sur vous, Mon-
»sieur; je suis très-persuadée que ce que vous pourrez dire à
«M. de Vérac militera beaucoup en notre faveur.

Le 17 juillet 1811 :

« Je vous prie de m'excuser, Monsieur, du délai bien invo-
»lontaire que j'ai mis à répondre à votre obligeante lettre du
»11, et à vous accuser la réception de l'obligation contractée
»par M. de Vérac à l'égard d'Alexandre......
»Il m'est bien doux de penser que c'est au souvenir de ma
»bonne tante que je dois la facilité de donner une bonne édu-
»cation à son petit neveu et filleul. Je l'entretiendrai de ses
»bons parens et me trouverai heureuse d'en perpétuer le sou-
»venir en son âme. M. de Lafont apprécie comme moi, Mon-

»sieur, la marque d'attachement que vous nous avez donnée
» en cette occasion. Nous vous prions l'un et l'autre d'être per-
»suadé du retour et de la considération avec laquelle je suis
»votre très-humble servante.

»Signé DE CHELERS DE LAFONT. »

Le 4 janvier 1817 :

« Quoique je n'aie plus de relations d'intérêt avec vous,
»Monsieur, il me restera toujours celles du souvenir des pro-
» cédés si délicats et si suivis que vous eûtes pour moi, et qui
»sont, je vous l'assure, toujours présents à ma pensée comme
»preuve bien flatteuse de l'attachement que vous conservez à
»la mémoire de nos parens qui, avoient pour vous, Monsieur,
»une estime toute particulière. »

M. de Chelers et mademoiselle de Chelers ont rempli leurs nombreuses lettres de remercîmens et de
témoignages d'amitié.

Madame de Hangest me disait le 27 juillet 1811 :

« Je ne puis, Monsieur, différer à vous exprimer ma sa-
»tisfaction en apprenant le salut assuré du jeune Alexandre
» de Lafont, ma consolation en voyant cet hommage rendu à
»la mémoire de M. de Courbeton.

»La planche solide livrée à cet enfant doit le conduire au
»port ! Il bénira la mémoire de ses respectables parens. Il
» donnera de douces pensées à M. de Vérac, qui offre ce tri-
»but à leur mémoire. Je m'en félicite. Je lui ai obligation
»spéciale que je lui trace ici,......

»Agréez, Monsieur, et recevez avec quelque plaisir une

»reconnaissance profonde et constante, et la réunion des sen-
»timens anciens et durables de votre très-humble servante.
» *Signé* CHELERS, VEUVE DE HANGEST. »

Mais la dame de Villers, après avoir exprimé les mêmes sentimens pour les services que je lui ai rendus, a bien changé de langage. Je connaissais trop sa triste position, quelqu'en fussent les causes, que je veux bien taire, pour ne pas solliciter quelque chose en sa faveur. Je savais que, du vivant de M. de Courbeton, elle avait écrit à madame Roland, femme du valet-de-chambre Henri : « Si madame Roland a pitié de moi, » je la prie de demander à mon cousin de me donner » six chemises, six paires de bas forts, six mouchoirs » de poche. Je n'ai plus de linge ; j'ai toujours caché ma » misère..... »

Elle écrivait à M. de Courbeton, le 3o octobre 1807 : « Ma pénible position m'a contrainte de demander » à madame Henri de partager son dîner et son sou- » per..... »

Sa sœur, mademoiselle de Chelers, m'avait dit, dans une lettre du 22 septembre 1809 : *Ma sœur, madame Leroux, me demandait de lui assurer une petite pension, il y a deux mois.*

Madame Leroux elle-même me parlait ainsi de ses besoins, le 31 décembre 1809 :

« Mon cousin fut instruit, il y a quatre ans, de la vérité »de ce fait, par M. Fleury, qu'il a interpellé *en ma présence* ; » mais ayant jugé à propos de ne point se prêter à me pro- » curer cette somme de 25,000 livres, je lui dis, avec déses- »poir : — Ne soyez point surpris que d'ici à peu de temps,

»je vienne vous demander de m'employer dans une de vos
»terres ; car bien certainement , si je reste dans les mains des
»agioteurs , je suis ruinée. — Mon cousin me parla alors de
»toutes les mauvaises affaires que sa sœur, Madame de Tru-
»daine , avoit faites en ce genre ; je partis de Paris , et fus
»encore un an sans importuner mon cousin ; mais chaque
»fois que j'étois obligée de voyager pour le procès que m'a
»suscité , pendant douze ans , l'ancien ami de la maison de
»ma mère , je fus obligée d'avoir recours à M. de Courbeton,
»duquel j'obtins différentes fois des prêts desquels j'ai tou-
»jours donné des reçus , mon intention étant alors , comme
» elle le sera toute ma vie , de ne mériter aucun reproche
»fondé. »

Le 3o janvier 1810, elle m'invitait en ces termes à
intercéder pour elle : « Monsieur, je me repose sur vous
» de tout ce qui peut alléger le sort d'un individu qui
» n'eût point été à charge à qui que ce soit, pas même
» pour les emprunts, si elle eût été d'un autre sexe ;
» oui, Monsieur, si j'eusse été homme, je serais revê-
» tue d'un grade bien honorable ou tuée. Mais je suis
» femme, oui femme, à laquelle de bons parens ont
» laissé 200,000 liv., que la sottise d'autres parens a
» anéanties pour moi ».

Une de ses lettres, datée du 22 décembre 1813,
suffira, par les détails qu'elle renferme, pour faire connaître dans quelle détresse sa conduite l'avait plongée :

« Dans la position dépendante dans laquelle la faiblesse de
»caractère qui distingue ma famille maternelle m'a mise,
» j'ai cru de la prudence de vous instruire que j'entrais à l'hôtel
»Beauveau, n'ayant que 8o francs. Ces 8o francs m'ont servi

»à payer · 1º Une demi-voie de bois et les petits frais mon-
»tant à. . . . . 16 fr.

» Pour apporter les objets nécessaires à ma gué-
»rison, tels que linge, couverture, j'ai pris un fiacre
»qui m'a coûté. 3

»Ma nourriture et mon logement m'ont coûté,
»depuis sept jours que je suis dans cette maison de
»santé. 35

»Mon fils est venu me voir, et comme il était sans
»le sou, en attendant le 1ᵉʳ janvier, époque où il
»recevra son quartier, je lui ai donné. 5
»Ports de lettres, menues dépenses. 5
                                                    ———
                                                    64 fr.

» Vous voyez, Monsieur, qu'il me reste peu de ressources ;
»cependant il faut que je guérisse ; car je serai dépendante jus-
«qu'à ce que je trouve un capitaliste qui veuille libérer ma
»propriété, dont le revenu alors seroit porté au-delà des dé-
»penses que nécessitent mes besoins......·

»C'est donc à vous, Monsieur, que je m'adresse pour m'ai-
»der à recouvrer figure humaine ; veuillez me prêter, de
»votre bourse, 5o francs que je vous remettrai dans dix à
»douze jours, que M. Leroux m'aura envoyé de quoi termi-
»ner ma guérison ; son fils lui a écrit pour cela. »

Dans une lettre du 4 décembre 1810, madame de
Hangest me remerciait ainsi de mes soins pour madame Leroux, sa sœur :

« Je ne puis vous dire que bien faiblement combien je souf-
»fre de la pensée que Madame Leroux, qui doit à vos soins
»l'espèce de ressource nécessaire à son malheur, s'exaspère en
»prétentions......

»Dieu veuille qu'elle ne brise pas même les ressources que
»vous avez recueillies avec tant de peine.

»Je plains profondément sa situation ; la délicatesse , la
»noblesse de votre âme vous feront glisser sur des vivacités,
»fruits du chagrin.

»Mais , je le répète , je suis affligée , Monsieur , que cela
»vous donne des fatigues ; vous ne devez recueillir que de la
»reconnaissance. Puisse l'étendue de la mienne et les senti-
»mens bien sincères que je vous ai voués , être pour vous aussi
»agréables qu'il me l'est de vous répéter l'estime et l'amitié de
»votre très.humble servante.

» *Signé* CHELERS , veuve de HANGEST.»

On voit enfin, par les lettres de madame Leroux à
monsieur de Vérac, qu'en ces temps elle ne mettait point
de bornes à l'expression de sa gratitude, à ses promesses
d'une éternelle reconnaissance. Je dois à la vérité de
dire qu'en effet M. de Vérac fit beaucoup plus pour
madame Leroux, que M. de Courbeton n'eût jamais
consenti à faire.

Aujourd'hui, la dame Leroux de Villers affirme
qu'*elle repoussa jusqu'à l'ombre de la plus légère grati-
fication.* Les reçus nombreux qui doivent être dans les
mains de M. de Vérac, lni donneront un démenti for-
mel sur ce point. Je devais seulement faire comprendre quelle perversité a pu porter le conseiller de la
dame de Villers à me faire un crime de mes démarches généreuses pour cette dame, démarches tant sol-
licitées par elle. Quoi ! touché de sa misère, je n'aurais
voulu lui procurer du pain, que pour obtenir ainsi

une sorte d'adhésion au testament! Je l'ai déjà dit, je ne me plaindrai pas d'une aussi révoltante ingratitude.

Mais, lorsque, à mon grand âge, rappelant les témoignages honorables de ma vie, je suis, hélas! contraint à invoquer la voix de ceux qui me furent chers, et qui, pour la plupart, ne sont plus, je ne tolérerai point que la dame Leroux se soit écriée que *les morts forment pour moi un concert de louanges que les vivans me refusent.* Non, tel n'est point mon sort. J'ai vu périr, il est vrai, beaucoup de mes amis; mais il m'en reste encore : il en est encore qui m'ont apporté des consolations, et qui détestent vos calomnies. Je vous nomme ici tous vos proches : votre frère, vos sœurs, dont l'amitié m'est constante autant qu'elle m'est précieuse *.

Je crois avoir répondu aux impostures, aux calomnies repandues dans les factums publiés pour la dame

---

* Une des injures de l'avocat de la dame Leroux m'oblige à parler de mon désintéressement. On a dit que c'était pour moi *une habitude d'être exécuteur testamentaire;* cette charge, il est vrai, m'a été léguée par MM. et Mme de Trudaine, Mme de Courbeton, Mme d'Invau et M. de Courbeton. Cette marque de confiance de tous les membres d'une même famille me semblait être au contraire un témoignage irrécusable de mon exacte probité; je m'en faisais un titre d'honneur. C'est ainsi que je me glorifie encore d'avoir été choisi par le vertueux M. de Monthion pour exécuter ses pieuses volontés. Ma vie entière repousse ces insinuations déloyales. Je ne citerai qu'un fait, et je n'en parle même que parce que j'y suis réduit par les efforts d'un calomniateur.

Madame la comtesse du R***, que je sais être connue personnellement de l'un des principaux membres de la cour royale, m'avait vendu une propriété par acte sous signature privée, le 24 décem-

de Villers ; si une répugnance insurmontable ne m'a point permis de discuter un à un tous les reproches qui m'y sont adressés, je me persuade que les lecteurs judicieux et de bonne foi, trouveront eux-mêmes, dans les faits que j'ai racontés selon toute vérité, des réponses suffisantes. Désormais j'espère qu'on renoncera à me faire jouer un rôle qui m'est odieux dans la cause de nullité du testament de M. de Courbeton. Il reste à l'avocat de la dame de Villers d'enfanter un nouveau système, de trouver d'autres agens d'intrigue pour les accoler au prétendu captateur. Que les conseillers de la dame de Villers y avisent ; ces personnages à créer sont nécessaires à tout injuste et absurde procès.

Signé PIVOST.

---

bre 1816 ; cette dame me fit dire depuis qu'elle trouvait un prix bien plus avantageux ; sa fortune étant obérée, cette différence était importante pour elle : je déchirai l'acte qui m'avait rendu propriétaire depuis plus d'un an ; je reçus alors de Mme du R*** la lettre suivante :

« M. Martin vient de me dire, Monsieur, la noblesse de vos procé-
» dés à mon égard ; dans toute autre circonstance que celle où je me
» trouve, je n'en aurais accepté que l'intention. Mais j'ai éprouvé de
» grandes pertes, et j'ai quatre enfans dont deux n'ont pour exister que
» les espérances que je leur ai données. Votre digne ami m'assure que
» c'est être généreux envers vous que d'accepter vos sacrifices ; c'est
» donc en m'associant à ses sentimens pour vous que je puis consentir
» à jouir d'un avantage que vous deviez au moins partager. De toutes
» les obligations que j'aurai eues à M. Martin, la plus précieuse sera
» celle d'un ami comme vous. Je lui ai demandé et il m'a promis de me
» procurer le plaisir de vous voir, et de vous exprimer de vive voix ma
» reconnaissance et l'extrême considération avec laquelle je suis, Mon-
» sieur, votre très-humble et très-obéissante servante.

» Signé DU R****. »